不悠哉的農村日記

三日捲子

某一天…
捲子，
我們來畫有關農村的故事吧！
咦~~要畫農村題材嗎？
我們本來就在農村長大，長輩也在務農，不畫很可惜耶！
我們家和親戚除了種檳榔，還有種不一樣的水果。
老爸種植：火龍果
二姑丈種植：檸檬
四姑丈種植：蓮霧、香蕉
對耶！可以講的東西蠻多的。
不過…我們雖然是農村小孩，但其實很少去田裡幫忙耶…
眞的要畫農村題材嗎？
沒問題啦~
小時候我們會去田裡玩啊~可以的啦！
莫名自信

※絕對不是專業介紹農業的圖文書!!

目錄

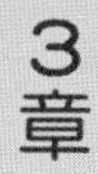

3章

做農的人
務農的五味雜陳

4章

農農風情
新風潮和土地情懷

主要登場人物

爸爸

上班族兼務農，
種植檳榔多年，
前幾年開始種紅龍果。

媽媽

家庭主婦，
平日也會務農。

三日

捲子

一對姊妹。
自由工作繪者。
往返老家，
紀錄創作圖文書。

二姑丈&二姑姑

工人退休。
種植檳榔、檸檬。

四姑丈&四姑姑

農夫。
多年種植檳榔、蓮霧、
香蕉、芒果等作物。

1章

從零開始種紅龍果

邊種邊學到自產自銷

※在一定區域內，將零碎不整的土地，重新整理、交換分合，然後按原有位次分配予原土地所有權人。

老爸似乎
考慮了一陣子，
也跟親戚們討論過。
想來想去…
我來種紅龍果
怎麼樣？
很好啊！
二姑丈
四姑丈
田裡的工作
都是爸媽在處理，
我們沒有意見。
之後就可以
吃到家裡種的
水果耶！
當時我們對
紅龍果的認知…
就是有分
白肉和紅肉。
熱帶水果
※家裡不常買來吃。
偶爾會看見
有人種在牆邊，
葉子上有刺。
之後，老爸
要請工人幫忙
搭建紅龍果園。
有很多
事情要忙！
下次回來，
田裡不知道
會變得怎樣…
應該沒辦法
這麼快完成，
再看狀況吧！
那我們走囉！
我們家迎來
新作物…
紅龍果!!

我們在外地工作時，老家的紅龍果計畫也如火如荼地展開⋯⋯
咦～媽媽有傳訊息！
11:06
今天田裡的照片～
哇～有叫怪手耶！
在種紅龍果前，要先將原本的檳榔樹移除，
之後再架設支撐紅龍果的水泥柱和管子等等。
好大的工程喔！
紅龍果是用「插枝」的方式種下。
在紅龍果田裡，蓋了一間工具房。
（大致的示意圖）
大門
紅龍果田
工具房
整個工程大概花了一個多月才完工。

幾個月過後，
再踏進紅龍果田⋯
哇～紅龍果都
長起來了耶！
好神奇！
實際看比照片
還要壯觀耶！
你們兩個⋯
趕快來穿裝備，
今天是有任務的。
今天的任務，
是來「割芽」——
※割掉不要的
枝條芽體。
留太多枝條
會分散養分，
所以才要割芽。
紅龍果有刺，
你們裝備都要
戴好喔！
換裝完畢
＊帽子
＊袖套
＊手套
興奮

割芽工作不複雜，只是要一直重複…
蹲蹲站站
過了30分鐘…
好累喔…什麼時候才能割完啊？
總共有50排，我們現在才割了6排…
一排有兩側…
在大太陽底下工作，還穿這麼多…好熱喔！
割芽根本是無窮無盡的工作嘛！
我已經沒興趣了…
…爲什麼我們家要種紅龍果呢？
不到一小時的勞動，就消耗掉我們對紅龍果的新鮮感了…

辛苦了！休息一下吧！
我們有事先準備好冰水。
此刻……就是天堂！！
狂灌
就跟你們說冰水不要喝太快！對身體不好！
沒辦法～太熱了嘛！
復活了…
媽…照這個進度，根本割不完耶！
沒關係啦！紅龍果的工作是做不完的。
割芽只是其中一項，還有其他事情要處理呢！
割完之後又會長起來…
天呀…
這就是無限循環啊！
震驚

從紅龍果田回到家…
汗流浹背
現在只想趕快洗澡…
田裡的衣物跟日常衣服會分開來洗。
※田裡衣物會沾泥土，要先手洗再用洗衣機清洗。
今天已經不想動了…
早上太陽太曬了啦！
媽媽通常會比較晚從田裡回來。
我回來了！
辛苦了！
洗手台上已經堆滿要手洗的衣服了。
不想動…
算了！我去洗吧…
午餐的碗你要洗喔！
謝謝三日～

在田裡衣物當中，手套最難清洗。
哇…都刷兩遍了，還有泥啊！
咦？
…手臂有被刮到啊？
好像是割芽時，不小心劃傷的。
※雖然穿袖套，但不小心還是會被刺到。
過了一會兒，衣服都洗乾淨了。
終於洗完了！
我現在絕對不移動了！
想起小時候，
爸媽也是一大早就去田裡工作…

中午回家時，媽媽還要煮飯，做各種家務、照顧小孩…
老爸下班時有時要去田裡，或者休假日還要務農…
輪班制
去上班了！
哇…這樣根本是超時工作吧！
要是我一定沒辦法撐下去…
媽媽以前很常說…
你們體力太差了啦！
懶～
↑放假在家躺
現在我只想說…
媽媽～不是我們體力差，是你們體力太好了！
由衷敬佩你和老爸！

今天你們去
紅龍果田幫忙，
覺得怎麼樣？
←剛下班
天氣超熱的！
還被紅龍果
的刺刮到～
有刺扎進手裡，
媽媽用針幫我
挑出來了！
如果跟紅龍果
培養出感情…
久了之後，
就不會刺你喔！
哈哈～
蛤…？
幾天後——
幫我看一下！
好像有刺扎進
手裡了…
真的耶！
我拿針挑
出來。
看來老爸跟
紅龍果的感情
還沒很穩定啊…

每年三月，
紅龍果開始進入花期——
枝條上會
長出多個花苞…
這時候需要進行「疏花」——
就是決定花苞的去留，
將多餘的除去。
進行疏花中
割
割
媽，你怎麼
知道要留下
哪個花苞？
通常會看它
的位置判斷，
一根枝條也
不能留太多…
一根枝條不能
留太多花苞嗎？
那之後果實
也不是會
變少嗎？
如果留下
很多花苞，
之後就算結出
很多果實…
也會因爲
過度消耗，
果實長不大，
甜度也會降低。

一直大量產果、沒有適當調節，紅龍果會很快衰弱。
原來如此！
沒想到植物也會有過度消耗的情況…
留下的花苞漸漸長大…
在某個夜晚如曇花一現…
花很漂亮喔！
隔天清晨就會漸漸閉合…
這時候蜜蜂非常多。(自然授粉)
這會不會叮人啊？
好可怕！

幾天過後，媽媽會進行剪除工作。
喀擦
剪除枯萎的花，可以防止果實染病。
留下的部分就會形成果實。
某次回老家，剛好遇到結果時期⋯⋯
你們有空可以去田裡看看喔！
興沖沖往田裡跑⋯⋯
沒想到眞的種出紅龍果了！
好神奇喔！
我們來囉！
?!
咦⋯⋯
原本以爲會看到一片紅紅的果實⋯⋯

※套袋：農業上為了防止病蟲害和鳥害等等，以紙製或塑膠製的袋子，套於果實上。

我們家的檳榔田裡，有一間小倉庫。
裡面沒有電燈，小時候都覺得裡面陰暗又可怕。
黑漆漆
房門也很老舊，只要開關門就發出聲響⋯
吱呀
有時候屋內也會出現小蟲和四腳蛇等等⋯
捲子⋯剛剛那個角落是不是動了？
僵硬
眞的嗎？不要嚇我！
反觀爸媽進出拿東西，都若無其事的樣子。
迅速
眞厲害！

相較於檳榔田裡老舊的小倉庫，
紅龍果田裡新蓋的工具房就受歡迎很多！
※有電燈和廁所。
乾淨
明亮
剛開始大家對這間工具房也充滿了美好的嚮往⋯
摺疊躺椅
裝二手冷氣
音響
為了在工作和休息時能更加舒適
過年時，媽媽還特地請社區國畫老師寫了春聯。
棧小光陽
春到人間氣象新
天開美景風雲靜
相當滿足

不久之後——
工作忙到沒時間休息…
帶來的冷氣、音響和摺疊躺椅都放到蒙上一層灰。
當時物價一直在上漲…
※紙箱越來越貴
媽媽一口氣，買了兩千個紙箱！
2000個
每次訂都貴了，乾脆一次買個夠！
媽媽！你也買太多了吧！
倉庫空間都爆滿了！
結果……工具房裡塞滿了紙箱。

大自然有生生不息的力量…
而人類在大自然面前，是多麼渺小。
今天也是個陽光燦爛的日子…
戴上
套上
全副武裝

抓
喝喝！
快速
衝啊！
哥…你這樣拔得乾淨嗎？
你太天眞了！田裡的草是拔不完的！
大概清除，才能多拔幾行啊！
今日任務：除雜草。
快速拔草才是王道！
所以快點從椅子上下來。
農用椅
方便採收農作。
蛤？爲什麼啊？
?!

跪著拔草比較快啊！
笨蛋！
拜託！那是你的錯覺！
是眞的！不信你可以試試看！
在大太陽底下，進行了無謂的爭吵…
吼～你們不要再吵了啦！
回頭看到老爸也跪在地上拔草…
下班後到田裡拔草
還是趕快拔草吧…
農夫最大的敵人就是雜草。
不僅搶奪養分，也會帶來病蟲害…
後來有專門請人來拔雜草，
但雜草成長速度過快，一直無法解決。

直到某一天…
之前我看到有人用除草機，要不要試試看？
四姑
我那邊有機器，拿去用用看吧！
四姑丈
那我也來試試看！
於是老爸揹上新的裝備…
展開除草計畫！
防具
除草機
手套
防護衣（帆布材質）
不過除草機老舊，有時會罷工，
所以發動後，最好不要停下來喔！
叮囑
開始工作…
轟轟
除草機的速度和力道很大，
比起手動拔草，提升了很多效率。
轟轟
轟轟

某次老爸從田裡除草回來…
爸～除草機好用嗎？
我一個人用除草機就可以完成所有工作。速度快很多喔！
之前怎麼沒想到要用除草機啊？
因爲一開始擔心用機器會傷到紅龍果，而且旁邊又有支撐的東西，弄壞就麻煩了！
水泥柱
竹竿
這樣啊…
那爲什麼現在可以用了啊？
驚！
因爲請人來拔草的費用太高了，工作也都做不完…
路不轉人轉嘛！
感謝科技進步，解決拔草難題！

紅龍果十月份晚上會開始點燈催花⋯
透過燈照讓它繼續開花結果。
在點燈之前，要趕快將燈泡裝上。(不使用時會收起來)
趕工
裝燈前還要檢查是否有蟲爬進燈頭⋯
啊⋯裡面有結蜘蛛網！
燈泡不好鎖進去耶⋯
即使是裝燈泡這種小事，在烈日下也成爲辛苦的工作。
在十月份，田野漆黑的夜晚⋯
點燈的紅龍果田顯得非常浪漫。
哇！好漂亮！
好像打卡景點啊！

第一次點燈時，爸媽還邀了阿姨、姨丈去拍照。
紀念第一次點燈照片！
媽媽遇到親戚都會大力宣傳。
點燈的紅龍果田很漂亮喔！有空去看看！
好啊！
原本在台灣冬天，因爲日照不足的關係，所以紅龍果不會開花。
休息
冬天紅龍果的市場產量相對少，價錢會比較好。
所以我們家決定要點燈開花結果！
冬天的紅龍果因爲生長期較長，所以果實會比較大。
大顆
最大可以到30多斤
某次年前採收時，忽然下起大雨……
我載紅龍果回來了！拿去屋裡吧！

把採收紅龍果的箱子抬進家裡後，
爸爸又騎車回田裡載水果。
嘿咻
嘿咻
因來回走動地板濕成一片，只能鋪報紙吸水⋯
把紅龍果從袋子拿出來，略分大小擺放在毯子上⋯
擔心紅龍果太濕，還開了冷氣和電風扇。
好高級的待遇⋯
當天趕著下午出貨，
大家七手八腳一起幫忙。
秤斤兩
（使用電子秤）
把果實按斤兩分好
大嫂
哥哥
14斤
15斤

媽媽要分裝紅龍果，算好每箱的重量。
15斤
14斤
裝好了嗎？我要打電話叫人來載囉！
慢一點啦！
你快點！時間趕不上了啦！
我要把每箱分好，沒辦法急！
又開始了……
我們家沒有貨車，所以會請親戚們幫忙載貨。
拜託你囉！
採收紅龍果後——
秤斤兩
把果實按斤兩分好
裝箱
貨車送出
終於送出了！

每次紅龍果採收後，
套袋都會變髒髒的⋯
媽媽堅持
洗過再使用。
因此套果後的袋子，
會拿回家洗滌和晾乾⋯
每次回老家時，
也會幫忙洗袋子。
還有袋子
要洗嗎？
沒了！
就這些～
然而某天，
發生了一場「災難」⋯
咦？
盯
好像有什麼
在裡面⋯
四腳蛇

僵住
……
好噁心！
天啊！怎麼會有這東西！
怎麼了？
從田裡被call回來→
媽媽！有四腳蛇在我們家！
看到了嗎？剛剛出現在洗衣機裡面…給你工具！
有嗎？
抓
Round I

嘿咻！
叩叩
媽媽！你在做什麼！這樣它會跑走啦！
可是我又沒有看到⋯
淡定
10分鐘後⋯
我看到了！在洗衣機裡面～
媽媽！看好再打喔！
我知道啦！
Round2
小心⋯讓它慢慢爬上網子⋯
爬上網了！快開門！
好噁心⋯我不敢動⋯
僵住

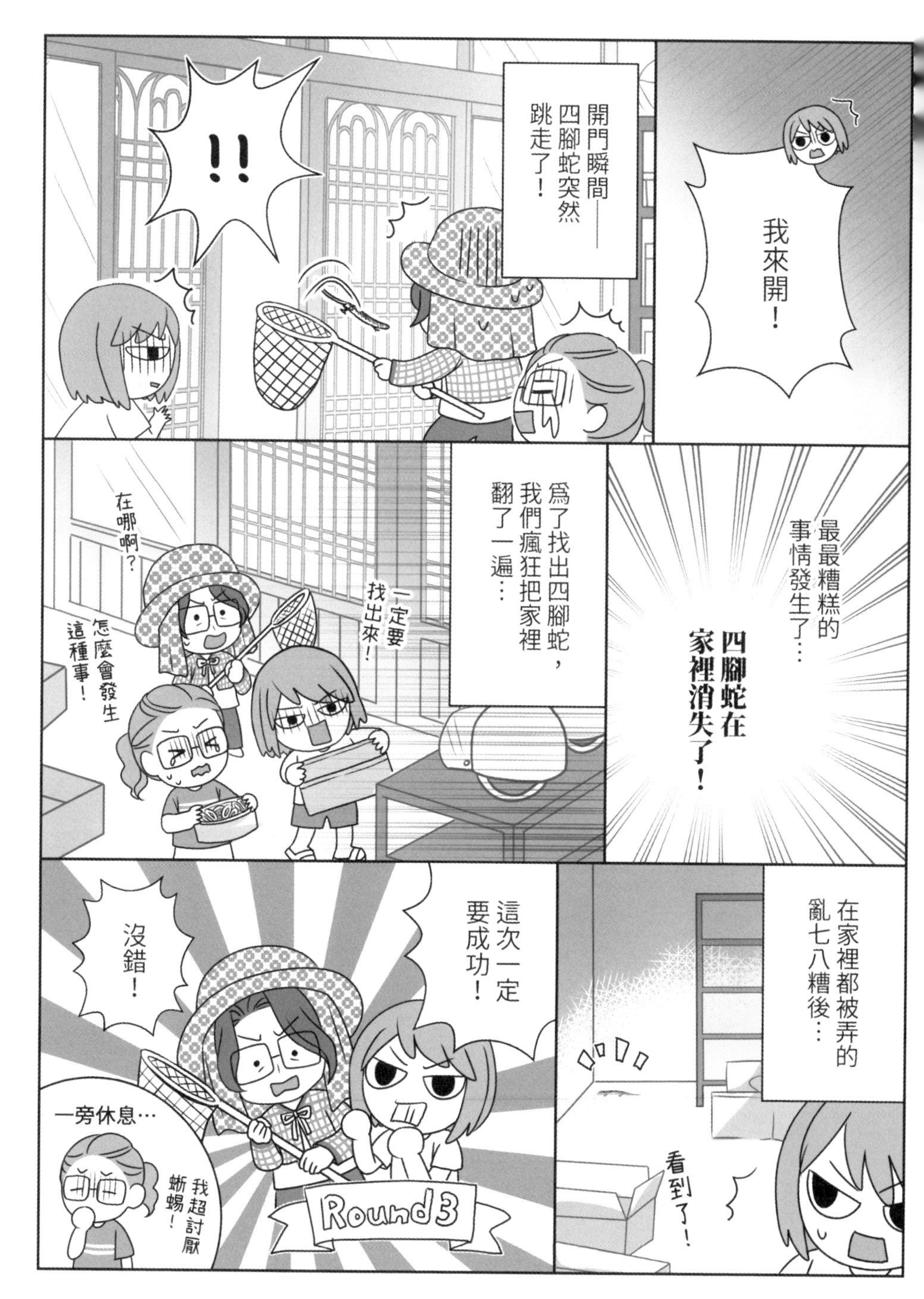
我來開！
開門瞬間——
四腳蛇突然跳走了！
!!
最最糟糕的事情發生了…
四腳蛇在家裡消失了！
爲了找出四腳蛇，我們瘋狂把家裡翻了一遍…
一定要找出來！
在哪啊？
怎麼會發生這種事！
在家裡都被弄的亂七八糟後…
看到了！
這次一定要成功！
沒錯！
一旁休息…
我超討厭蜥蜴！
Round3

這一次一定要成功！
緊張
抓到了！
小聲
我來開門！
媽媽把網子一勾，直接把四腳蛇丟出門外⋯
揮出去——！
立刻關門
花了2小時⋯終於把四腳蛇清出家門了！
厲害！
終於結束了！
這件事發生後，洗袋子都會有心理陰影⋯
不會出現什麼吧？

關於紅龍果的套袋，其實有很多學問……
原來有這麼多種類的套袋！
←查資料中
為什麼紅龍果要套袋呢？
除了避免蟲害、鳥類啄食和降低染病，還有就是——
增進色澤！
如果過度曝曬，果皮就會泛綠而且變得粗糙……
這樣會變成瑕疵品！
我們家一開始使用黑色尼龍套袋，
後來換成半網袋。
黑網
一半不織布，一半網布。
媽媽～為什麼會換套袋啊？
有朋友推薦，試了覺得不錯，所以就換了。
邊做邊學啦！
有一次你姨丈路上看到一個紅龍果園，
下車去跟人聊天，之後還帶我們去參觀和交流呢！
好神奇喔……

簡單補充一下，這兩個套袋的差別…
黑網套袋
☆成本較低。
☆容易觀察，不防雨。
☆遮光效果不佳。
半網袋
一面不織布、一面網布
☆成本較高。
☆容易觀察，防雨。
☆遮光效果佳。
※套袋不只這兩種類型。
要選哪種套袋，會按各自的環境、氣候等狀況，做出決定…
多嘗試就能找出最合適的方法啦！
喔喔！
在多次採收後，套袋也漸漸出現破損的狀況…
袋子破損
線鬆落
袋子洗淨晒乾後，媽媽會挑出有破損的套袋…
這些補一補應該還能用吧！
節省
不過，田裡的工作太忙了…
累積

這些套袋乾脆就不要了吧…
縫縫補補
我們也來幫忙好了！
不過…不一定能縫好喔！
手藝不佳
開始縫補☆
媽~你幫我看有沒有縫好？
可以~能拉緊就好！
啊！我好像把袋子縫死了…
你要拆掉重用比較好…
結果——
放棄了…這種事情果然不太適合我。
最後，套袋雖然被縫的歪歪扭扭的…
但還是成功修補完了！

有一陣子，南部連續下了好幾天的雨…
潮濕到家裡的牆壁有點滲水。
哇！這裡怎麼了？？
因爲下雨沒辦法去田裡，老爸趁機追完喜歡的日本動畫。
《棋〇王》
田裡的紅龍果因爲泡太久的水，出現爛根的狀況。
積水
媽～田裡還好嗎？
一下大雨，蝸牛都爬出來吃果葉。
去田裡巡邏→
在花期的紅龍果如果遇到雨季，
不僅蜜蜂減少影響授粉情況，
果實也容易出現病蟲害。
連續的大雨讓紅龍果損失慘重。
爸～你再看其他動畫嘛！
沒心情…

後來雨過天晴，
我們去田裡幫忙⋯
媽媽，今天要
幫忙什麼？
要處理因爲下雨
爛掉的枝條。
你爸昨天已經
把爛掉的枝條
剪下來了。
今天要把地上
的枝條用推車
運出來，
集中在一起，
再用機器處理掉。
這個橡膠
手套給你們。
防刺
OK！
要戴兩層，
不然會刺到。
只剩一副，
你們兩個人
輪流用吧！
好！

這些泡水爛掉的枝條都還飽滿厚實，搬起來很費力。
比想像中還重耶…
拍照取材
喀擦
喀擦
過了15分鐘
因為一直彎腰，已經感到疲憊了…
三日！換手吧！
好喔！
10分鐘後
捲子…我不行了！
爸媽沒有休息，一直在撿枝條。
迅速
累了就休息，記得喝水！
好！
爸媽體力好好喔…

我們休息一下，又開始撿枝條…
剩下不多，你們先回家吧！
咦…？這樣好嗎？
捲子…我們真的要直接回家嗎？
我們先去買涼的喝吧！
好熱！
謝謝惠顧～
謝謝！
爸媽～我們買了運動飲料！
遠處坐在推車上休息的爸媽，
冰的…運動飲料？
露出喜悅的笑容…

好險有回來
送運動飲料…
此刻…
就是天堂！
休息一會兒，
我們決定工作
完成再回家。
多虧喝了冰涼
的運動飲料，
後面的工作
順利完成了。
這些枝條
堆在這裡就
可以了嗎？
之後再拿機器
把它們絞碎
就沒事了！
隔天——
嘿咻！
這樣絞碎後
會成爲肥料喔！
喔喔…
絞碎的果肉
經過幾日曝曬，
就會變得枯扁。
結束！

冬天跑去田裡取材時……
出發！
拍照
呱呱——
什麼聲音？
!!
出現
這…長得好像薑母鴨招牌上的鴨子喔！
老爸…為什麼田裡會有鴨子啊？
退
喔～你看到了啊！
牠來一陣子了，不知道是誰家養的？
鴨子在紅龍果田，大搖大擺的走來走去…
神奇…

老爸喜歡小動物，覺得鴨子出現在田裡很特別。
有時會帶一些綠葉給牠吃。
來吃～
鴨子沒出現時，老爸還會擔心牠是不是被人抓走了⋯⋯
今天怎麼沒來？
哥～你知道田裡有出現紅面番鴨嗎？
有呀～之前我去田裡有看到！
閒聊
如果抓到，晚上就可以吃薑母鴨了⋯
開玩笑
哈哈～抓不到啦！不過確實會想吃薑母鴨吧～
因為那隻鴨子，我們還特地跑去買薑母鴨吃呢！
好好吃啊！
什麼？你們也太禁不住誘惑了吧！
後來⋯那隻鴨子沒再出現了。

家裡開始種紅龍果後，
外出時會開始注意相關產品。
你們看！那邊有賣紅龍果冰沙！
哦哦～不錯耶！
最近變多商店有賣紅龍果的產品喔！
紅龍果冰淇淋
紅龍果貝果
紅龍果珍珠
也是可以在家打果汁喝啦～
直接當水果吃，也很好吃啊！
媽媽對於紅龍果的新嘗試很感興趣。
我們也來試試吧！
聽說紅龍果加檸檬打成冰沙很好吃喔！
哇～～很好喝耶！酸酸甜甜的！

後來…我們吃紅龍果，有時會加檸檬。
增添風味～
紅龍果加養樂多打成冰沙來喝，喝起來也很清爽喔！
阿姨
紅龍果不僅好吃，營養成分很高。
含有植物性高蛋白
花青素含量高(抗氧化)
高纖維質改善便祕
豐富的礦物質(鐵、鎂、鈣、鋅)
如果沒查資料，都不知道有這些好處呢！
之後要多從家裡拿紅龍果來吃了～
嘿嘿…
希望大家多多吃水果！
支持台灣水果！

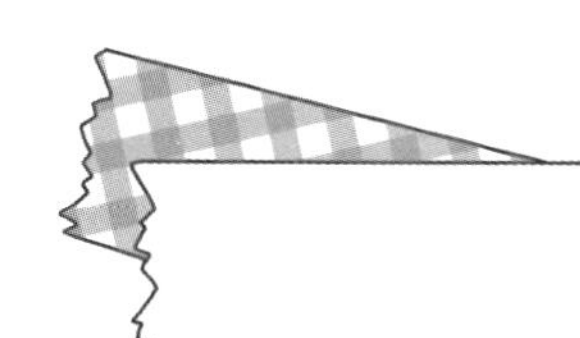

農村體驗營

某天和朋友聊天時…
你們家有種紅龍果啊！
之前我有去紅龍果園，做體驗耶！
採果、做果醬…
採果？那很容易刺到吧？
我們有帶兩層手套。
原來會有人想要體驗…
我覺得很有趣耶！

在取材期間去田裡幫忙…
割芽
炎熱
我們家應該要辦個體驗營…
想想就開心~
不過，辦體驗營也沒那麼容易。
如果在農村辦體驗營，在地人會想來嗎？
自家農事就很忙了。

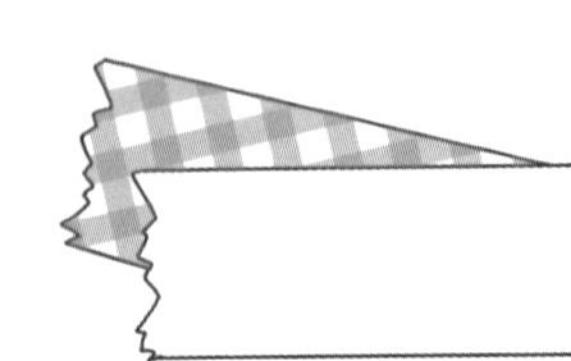

標示「斤兩」的紙牌

紅龍果會按斤兩來分裝，方便之後作業。
以紙牌來標示
15斤
※單位：台斤
媽～
幫我拿16斤的牌子。
沒問題，我拿給你！
謝啦…
來！牌子都在這邊！
一大疊
咦?!
有重複的數字
14斤
20
12
14
18
23
11
19斤
有劃掉修改
好亂…
我找不到16的牌子！
積極
沒關係！現在做！
每次使用時，都要重新尋找…
18在哪裡？上次不是有嗎？
不知道耶～
最後，重新整頓牌子。
※貼不同顏色的膠帶來區分。
16斤
這樣就方便找了。

2章

檳榔總動員

童年的檳榔回憶

對小學生而言，最開心的日子就是⋯
放暑假！
太棒啦！
耶！
然而農村的夏天，正是檳榔的盛產期⋯
當時家裡有三塊檳榔田，還另外租了田地，共有七處要收割檳榔。
熟睡中⋯
噠噠噠噠
國中的哥哥
亮燈
起床囉！等一下要去田裡幫忙！
驚
早上 5:30
發呆
爸爸會先去田裡割檳榔。
出門了！
你先去吧！我們晚點就會過去～

在家的阿公、阿婆會準備要摘檳榔的工具…
家裡有割檳榔，就要早起幫忙。
早安～好睏喔…
趕快吃早餐！已經有檳榔可以摘囉～
吃完就來摘檳榔吧！
大姊
家裡附近的鄰居或親戚會來幫忙摘檳榔…
來囉～
這麼早就割檳榔啦！
過一會兒…
家門口前就變成檳榔工作坊。

從田裡載回來的檳榔，
阿公會將它們剪成好幾節，
喀擦
喀擦
喀擦
這樣方便其他人剪檳榔。
喀擦
剪好一盆，給你們！
速度要加快喔！
倒
咦～我們都還沒摘完耶！
小孩子負責摘檳榔的工作。
拔
丟
拔掉檳榔鬚，把檳榔丟進籃裡…
大人很早就在剪檳榔，
摘不完嘛！
我也想去剪檳榔！
所以小孩子摘檳榔的速度根本跟不上。
快摘完時就會來一大批「新貨」。
又來？

每個人摘檳榔的方式也不太一樣——
一顆一顆摘，不清理鬚鬚。
一顆一顆摘，把鬚鬚清在地上。
抓一大把來摘，把鬚鬚清在地上。
捲子！不要把鬚鬚留在竹盤裡啦！
可是這樣摘比較方便…
不要吵架！
這時阿公爲了督促我們的效率…
摘滿一籃就給50元！
50元
哇！
嘿嘿～只要我們的加在一起…
就可以拿到50元了！
眞容易哄…

不過也有不想合作的時候…
不行！我要自己賺50元！
咦？
著急
你不要摘太快～等等我啦！
丟
〈檳榔摘採量〉
捲子
三日
姊姊
……
我一個人摘不完一盆啦…
嘩啦
阿公…你要把檳榔分給我嗎？
噓
阿公居然心軟給捲子放水…
嘖！
爺孫情
什麼時候才可以把檳榔摘完啊…？

在檳榔旺季時，檳榔的數量足以堆成一座小山…
一大疊
這麼多檳榔，是要摘幾個小時啊…
哎呀～你們開心一點嘛！
檳榔多的話，今天賺的錢也會比較多啊！
割完檳榔回家洗完澡
雖然如此，但是一點也開心不起來…
還是趕快摘檳榔吧！
割檳榔期間，親戚間會互相幫忙…
嗨～我們來幫忙囉！
你們家今天檳榔好多喔！
我們家的摘完了！
哇～救星！
表哥
表姐
表哥

摘檳榔時，最大的樂趣就是聊天…
我聽說…南瓜加牛奶對身體很好！
暑假我朋友他們去…
和聽別人聊天。
小孩間偶爾還會進行「摘檳榔」比賽……
比賽開始！
大家摘檳榔時，也會玩一些遊戲…
我說個謎題，你們來猜！
好啊！
因爲天氣很熱，媽媽會準備一些水果或涼飲…
有空的人可以來吃西瓜喔！
家裡的檳榔，通常會趕在中午前處理完，
然後會有檳榔行的人前來收取。

家裡摘檳榔時，午餐會買麵來吃。
你們要吃什麼？
麻將乾麵！
米苔目！
米粉！
粄條！
人太多要寫單子
檳榔期時，附近的麵店都會有很多人⋯
我要買麵，有寫單子！
謝謝～
這麼多碗～你們家今天摘檳榔啊！
等午餐時，家裡的人會將環境回復原樣⋯
午餐買回來後，大家會坐在原位直接吃麵。
今天檳榔順利摘完了！

小時候常常抱怨…
檳榔什麼時候才會摘完啊？
笨蛋！在家摘檳榔是最輕鬆的事了！
剛從田裡幫忙回來
你們去田裡試試看！
多年以後…
哥～你去田裡是幫什麼忙啊？
對啊～做什麼啊？
咦！你們不知道我去田裡幹嘛嗎？
我們哪會知道啊～
一直都是在家等檳榔…
你們真的是…
我來說明割檳榔的實際情況～
老爸主要負責割檳榔。
割
割
咻！
咻！

高處落下——
順勢接住
※檳榔如果直接落地，容易造成損壞。
咦~~要接住從這麼高落下的檳榔，很容易受傷吧？
對啊！所以老爸的手有時會受傷…
沒想到割檳榔這麼危險耶…
感覺手好痛！
農村小白
割下來的檳榔，哥哥要把它們集中在一處…
來回走動扛檳榔
田裡的路比較窄小，只能靠媽媽騎機車將檳榔一趟趟載回家。
我先回家一趟囉！
喔喔~現在才知道完整割檳榔的狀況耶！
你們也太不瞭解了吧！

哥~你第一次割檳榔，是什麼時候？
應該是我高中的時候~
某天割檳榔時…
今天換你來試一下吧！
偏偏遇到一棵非常高的檳榔樹…
哥哥說光抬頭看檳榔，脖子就很痠了…
搖晃
這樣有割到嗎？
努力
花了快十分鐘才把檳榔割下來。
你這樣割太慢了啦！
還有這麼多檳榔樹要割！
煩躁
明明是我第一次嘗試，怎麼可能做得多迅速啊…
碎念
原來啊…

老爸對於哥哥割檳榔的狀況，說了一番話⋯
唉~我以爲你哥很快就會上手⋯
畢竟也幫忙了好幾年⋯
四姑丈
拜託！哪有人第一次就被叫去割這麼高的檳榔樹啊！
反駁
有嗎~？沒有很高的檳榔樹吧？
其實多割幾次就會熟練了！
我決定了！以後太高的檳榔樹，我全都要砍掉！
你們根本不懂！
唉呦~你們年輕人眞的⋯
沒關係啦~年輕人就是要多磨練。
擁有30多年割檳榔經驗

四姑丈的兒子
路過
你表哥說要把高的檳榔樹砍掉，你怎麼看呢？
乾脆全部砍掉算了。
※農村兒子的重磅發言。
震驚
老爸他們似乎都沒想到會聽到這樣的回答。
哇哈哈～～我只打算砍掉高的檳榔樹耶…
這回答…出乎意料啊～哈哈哈哈哈！
爆笑
好叛逆啊！
眞受不了年輕人…
……

檳榔是否已成熟，都要由農夫來判斷…
檳榔樹這麼高，用目測判斷有沒有成熟，不是很吃力嗎？
所以需要經驗累積啊！
就算是老爸，還是會有失誤…
哇！割錯了！這還太小！
喔！上次沒看到！長太大了！
曾經還有這種特別情況…
有鳥巢！
鳥媽媽…我不是故意的，麻煩你們重新築巢了！
爲什麼突然跟鳥對話？
鳥媽媽現在也不在家啊…
把鳥巢放在高處位置←
之後樹上有鳥巢，老爸乾脆就不割了。
這棵不能割啊！

後來上學離家，變得很少摘檳榔。
家裡割的檳榔，都直接載到四姑丈家。
（在車庫摘檳榔）
四姑丈家買了一台…
檳榔拔鬚機器！
第一次知道這台機器時…
天啊！居然有人發明出來！
厲害！
時隔多年，再去摘檳榔時…
三日，你也去剪檳榔吧！
咦？
以前只有大人能剪檳榔…
現在我也可以做這個工作了！
感動

現在大家會先一起剪檳榔，
之後再使用機器處理…
必須剪成一根根，
機器才可以處理。
倒
機器沒處理到的檳榔，
檢查時再摘乾淨即可。
匡噹
匡噹
有機器後，
應該可以
更快完成，
提早休息吧！
有機器後
方便很多，
不過…
不一定能
早點休息啦～
表姐
蛤？
爲什麼？
家裡有機器，
所以會有人請
我們家幫忙
處理檳榔…
之前還忙到
晚上快11點…
什麼！
晚上11點！
只有一次啦！
之後就沒有
這麼晚了～

你分得清楚「正子」和「哈拉機」嗎？
※音譯
哈拉機就是發育不好的檳榔，長的比較小顆…？
大概吧…
沒錯～哈拉機沒辦法賣，會直接丟掉。
不要把它混到可以出售的正子檳榔裡了！
我剖開來，給你看兩者差別…
哈拉機
內部乾扁。
正子
內部完整，濕潤有水分。
光看就覺得哈拉機口感不好。
對啊！所以通常不會有人想要收購。
檳榔前期，價錢好的時候，
正子以每斤多少錢來計算。
通常價錢好，表示檳榔產量還沒那麼多。
不過，檳榔價錢有時浮動大…
上週末
450
一斤
下週末
250
一斤
※價錢僅供參考

差這麼多！如果碰到價錢低的時候，不就很嘔嗎？
對啊～不過檳榔不是想割就能割，需要點運氣！
呵呵…
耶！價錢好！
天啊！差這麼多…
那…檳榔最好的價錢，大概多少呢？
我知道的價錢是一斤五百多元。
二姑丈，你知道的價錢是多少？
以前的檳榔…有到一斤一千多元喔！
一斤一千多元～!?
也被震驚到
以前價錢很好，所以才會有很多人種檳榔啊！
那時候…檳榔比雞蛋還更有價值喔！
不過那時，你們都還沒有出生啦！
都是以前的事了…

一旦檳榔產量變多，
就會開始「剖白」，
將正子分成
「白肉」和「紅肉」
以不同價錢來算。
開使剖白時，
價錢會越來越低。
有時候一斤才
十幾塊而已…
白肉口感比較好，
價錢會比較高！
檳榔行的人
會來分辨
這個我
有印象！
有次檳榔
價錢不高，
我建議老爸
乾脆先不要
割了…
不要割…
有點痛苦耶…
糾結
這種感覺…
就像樹上長了錢，
卻要無視它走過去…
最後還是受不了，
跑去田裡割檳榔了→
哈哈哈～
可以理解
老爸的想法！
檳榔剪完了！
去用機器吧～
嘩啦—

那我啟動機器囉！
檳榔會在機器裡滾動，鬚鬚就會從旁邊掉落⋯
機器處理的挺乾淨的嘛！
匡噹——
匡噹——
現在和以前摘檳榔的方式也不一樣⋯
以我們家來說～
以前
剪、摘同時進行。
剪檳榔：4～6人
摘檳榔：4～6人
※甚至更多的人
現在
先一起剪完，再使用機器。
剪檳榔：2～4人
摘檳榔：1～2人（機器＋檢查）
※人可能重複
用完檳榔啦！來吃西瓜！
謝謝！
四姑姑
現在處理檳榔的時間真的縮減很多！
有機器可以幫忙摘檳榔，超級方便啊！

檳榔是台灣第二大作物，面積僅次於水稻。
近年來有研究指出，檳榔即使不加添加物也會有致癌風險。
第一級致癌物
含有明確致癌性的物質。如：菸、酒、空汙等等。
檳榔跟菸酒一樣有致癌風險，但形象好像更不好耶！
亂吐
對啊！不知道爸媽對檳榔有什麼想法？
這件事…我國小的時候，有問過他們喔！
喔喔～他們那時有說什麼嗎？
那時候啊…
回憶
爸媽！
嗯？

爲什麼我們家要種檳榔呢？
怎麼了嗎？
因爲書上說，在山坡上種檳榔會造成土石流，還有吃檳榔容易得到口腔癌……
滔滔不絕
我們家是不是不要種檳榔比較好啊？
……
認真
可是…我們家的檳榔種在平地，這樣不會造成水土流失的問題吧？
啊…對啦！這樣應該沒問題…
可是吃檳榔會有口腔癌的風險耶！
市場有需求，所以才會有供給啊！
就像抽菸有罹癌風險，但還是有人抽菸啊…
當時有在抽菸
看每個人的想法啦…
……

可是…
欸～傻孩子！
如果不割檳榔，怎麼會有錢養你們呢！
那時候爸媽是這樣對我說的～
原來還有這樣的事啊！
我也聽媽媽說過，
外公外婆也是靠種檳榔才養活一家的。
談起檳榔…
以前放暑假，很常看到大家在家門口摘檳榔的情景…
我記得國小班上同學家裡，大部分都有種檳榔。
畢竟村子附近有很多檳榔田嘛！
哈哈～
我們聊起很多小時候的回憶。

隨著時間流逝和時代的轉變，
吃檳榔的人口漸漸變少。
檳榔產業相對過去漸漸式微。
連偶爾回老家的我們也有感受到。
感覺只剩幾戶人家有種檳榔了…
現在割檳榔的大多是年紀大的長輩了耶！
因為檳榔價錢沒有以前那麼好，
年輕人從事農業的意願也比較低。
我們家也開始嘗試種火龍果…
騎機車經過農地，會發現不同的景色。
這邊有種鳳梨耶！
真的耶！
現在除了檳榔，大家也開始選擇種新的農作物。

雖然檳榔產業仍有許多爭議……
但它曾是農家主要的收入，也造就了繁盛的經濟。
即便現在不像過去那麼興旺，
但它見證了某時期農村的發展和轉變。
檳榔對我們來說……
並非只有負面的印象。
畢竟它也伴隨著我們童年回憶～

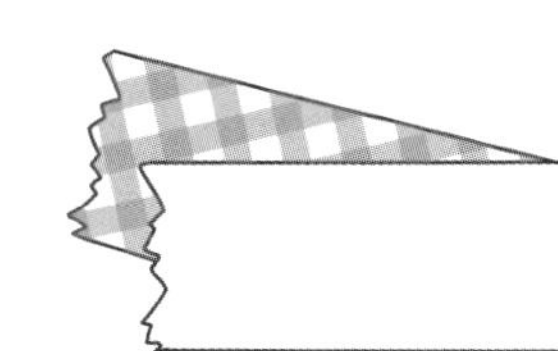

農村的友誼

哥～你何時開始去田裡幫忙啊？
採訪中
大概國中吧！
你身邊朋友也這樣嗎？假日都要去田裡幫忙？
當然～一定會被父母要求。
逃不過的農家命運…
那你農忙時，有遇過朋友嗎？
會喔～田很近嘛！
早上六點──
你也被使喚了啊…
揮手
呵呵…
見到時，會聊天嗎？
那時候根本還沒睡醒…
只有打個招呼啦！
一個眼神就可以瞭解了。
革命的情感啊…
……

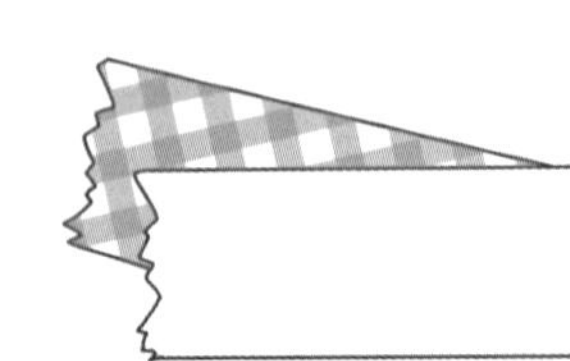

拿過檳榔刀嗎？

檳榔樹很高，要把檳榔從樹上割下也不容易耶……
對呀！需要經驗。
而且檳榔刀也有一定重量喔～
你要不要拿拿看？
哇！
拿久了手會痠吧?!
※約2.5～3.3公斤
割檳榔不簡單吧～
在檳榔時，還要抬頭看，手要很穩才能割下來。
這樣想想……
割檳榔很考驗臂力和眼力耶！
農夫很厲害耶！
今年我們家的檳榔刀，
怎麼卡住了？
正式下崗。
迎來了新的檳榔刀。

※據哥哥說，目測檳榔有三、四樓高。

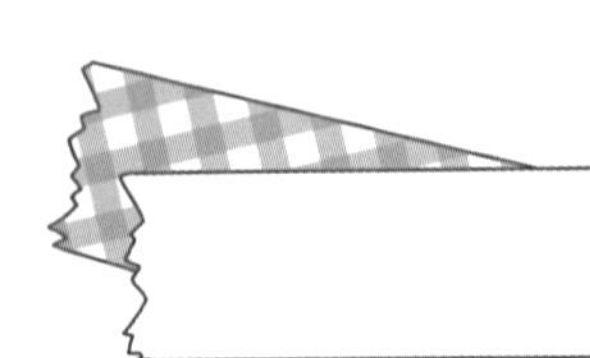

下雨天要割檳榔嗎？

哎呀～明天要割檳榔耶……
明天降雨機率
80%
下雨天割檳榔不是很麻煩嗎？
是啊～難度會增加。
如果下起雨…雨落在眼鏡上，視線會變得模糊。
雨下太大，穿雨衣也會濕透。

那還割得到檳榔嗎？
可以啦～只是時間比較久。
下雨天土地會變得泥濘，
你媽還會經在載檳榔時跌倒過。
哇！
雖然如此，但放著不管…
檳榔長太大，就賣不掉了。
眞的要風雨無阻耶…
如果豪大雨、打雷這種天氣，也不會去割啦！

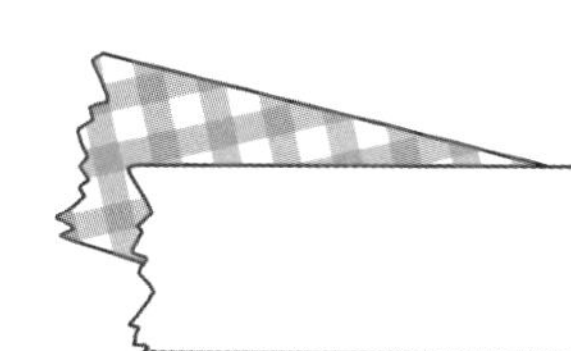

偷割檳榔的小偷(！)

夜闖檳榔園，偷割檳榔…遭警方逮捕…
沒想到會有人去偷割耶！
以前價錢好，更多這種事！
晚上都要去巡田，或者睡在田裡，守著檳榔呢！
咦～睡在田裡嗎？
有小倉庫可以睡啊！
晚上一個人在田裡待著…不是很可怕嗎？
年輕時我要備考，在田裡讀書，順便顧檳榔…
還行啦～
某一次叔公來巡田，順便來看我…
結果…我睡得太熟，完全沒醒。
喂喂！
這小子…
與其說顧檳榔…
老爸你只是換個地方睡覺吧…？

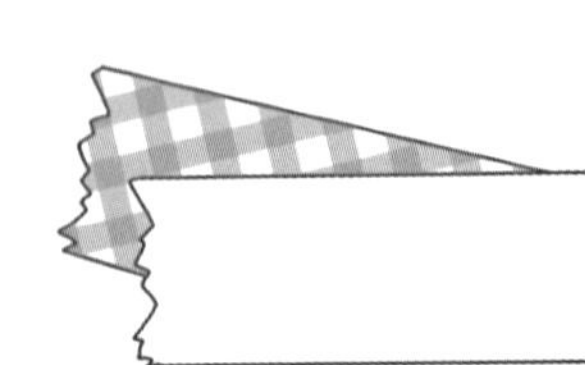

新的檳榔產品

在查檳榔資料時，也看到一些檳榔產品報導…
咦？
檳榔洗手？
菁仔手工肥皂
哦哦～好厲害！
SGS檢驗滅菌效果
入選嘉義伴手禮
創辦者花了一年時間研發，
顆粒部分：天然植物鹼（可抗菌）
白色部分：檳榔油
成功將油鹼分離，製造出檳榔肥皂。
原本檳榔肥皂，在行銷上不順利。
肥皂/乾洗手液（不傷膚）
但因疫情關係，漸漸受到人們的重視。
來看看其他檳榔文創商品吧～
有人利用檳榔鞘做成燈飾、盒子、筆記本和畫作。
檳榔鞘
有機無毒
防水防蟲
在蒐集資料前，都沒想過檳榔有這麼多可能…
amazing
看到檳榔有了不同的用途，
也覺得非常開心和有趣。

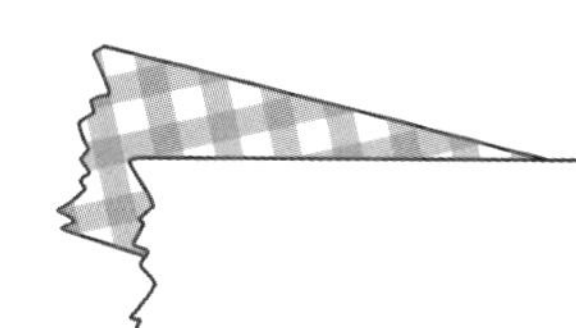

檳榔的童年回憶

小時候，爸媽去田裡工作，有時會帶上我們……
哈哈～
哇～
其中一個田，隔壁有小廟。
我們都在那邊玩耍。
追逐
抓我啊～
採野花
等爸媽結束工作後……
回家囉！
我們要玩「拉的那個」！
遊戲方式：我們坐在檳榔葉上，老爸往前拉。
出發！
現在回想起來……
哇～眞是美好的回憶！
其實只要一拉，就會往後倒……
話說回來，
檳榔葉只要擷取葉鞘這個部分……
壓平曬乾之後，就可以當扇子喔！
鏘！ 鏘！
中秋烤肉可以拿來扇。

小時候的回憶…

3章

做農的人

務農的五味雜陳

大概在國小的時候，家裡開始賣起蓮霧…
媽媽在門口支起桌子，擺竹盤放上蓮霧。
開使販售！
緊張
路過的人有興趣就會來詢問…
喔～你們家有種蓮霧啊！
是我姊夫家種的啦！
他們平時要去蓮霧田工作，沒時間顧攤位，我幫忙賣的。
忙碌
四姑丈
四姑姑
原本四姑丈是將蓮霧賣給果菜市場，但價錢一直不理想。
花了這麼多時間照顧，但價錢連成本也賺不回來…
四姑姑
這樣也不是辦法…
換個方法來賣蓮霧吧！

大人們討論後，決定聘請媽媽來賣蓮霧。
…咦？我來賣嗎？那就試試吧！
有空可以顧攤位的人→
剛開始要賣蓮霧時，媽媽會去市場觀察售價…
還去文具店買紙卡，自製價錢牌和看板。
姐姐幫忙畫看板→
一斤70
媽媽你打算怎麼賣蓮霧？要怎麼跟客人推銷啊？
我怎麼知道…
媽媽和四姑姑討論後，決定把蓮霧分等級來賣。
上品
果實大顆漂亮，適合送禮。
中品
品質穩定。
下品
果實小顆、明顯裂果或者有部分瑕疵。
這樣的分級，可以讓客人按照需求來購買。

分爲下品的蓮霧，不代表就不好吃喔！
削掉壞的部分，也是很甜耶！
其實買這種蓮霧蠻划算的，不過就是要自己削來吃。
媽媽在賣蓮霧時，常常削給客人試吃。
我們賣的蓮霧就算小顆也會甜喔！
與其說一大堆話，不如讓客人試吃我們的蓮霧！
銷售員的自信發言
我對蓮霧的品質可是很有信心喔！
試賣了一陣子，客人的反饋都很不錯。
你賣的蓮霧真的好吃耶！
有甜喔！
可以宅配嗎？我想寄給北部的親友。
我想要寄到外縣市！
意外的是，蠻多客人有宅配需求…
開拓新業務
過了不久…我們家蓮霧攤步上軌道了！

四姑丈和姑姑一大早會先去田裡摘蓮霧，
然後把採收的蓮霧載到我們家。
媽媽和姑姑就會開始細分蓮霧等級。
這顆要放在中品…
所有的蓮霧作業流程，都是在家門前處理。
負責分等級
負責賣
客人經過看到，就會下車來買蓮霧。這種時候最忙碌。
四姑姑在村子長大，常常有熟人來光顧。
你種的蓮霧很好吃喔！會再來買！
因此四姑姑會主動降價，甚至還多送好幾顆…
感謝你常來捧場！
不用啦！

等一下！
我們賣的蓮霧又漂亮又甜，幹嘛降價又多送給別人啊！
哎呀…蓮霧不耐放，早點賣完也好啊！
不能這樣！價錢會亂掉！
兩邊都有道理呢…
不知道的人會以爲蓮霧是我們家種的吧…
家裡賣起蓮霧後，自然會有銷不完的存貨。
認真
你們要盡量挑賣相不好的來吃喔！漂亮的還要繼續賣！
蓮霧守護者
不過有時…
來！拿去吃吧！
大又漂亮
四姑丈
不要拿這麼好的蓮霧給小孩吃啦！
一人一顆
謝謝姑丈～
哇…
只能說…四姑丈和姑姑是大好人！

蓮霧不耐保存，
加上一次採收的量很大，
無法將全部存放冰箱。
常溫下放3～4天，
蒂頭就會變軟。
在銷售上，
有很大的挑戰——
苦惱
要把蓮霧賣到
哪裡去呢？
雖然有擺攤和宅配，
但蓮霧的量依然很多。
只靠兩種販賣管道，
沒辦法將蓮霧順利
銷售完⋯
謝謝！
這時住在北部的
小姑姑打電話過來⋯
姐！我在北部
幫你賣蓮霧吧！
小姑姑在北部經營
一間家庭美容院。
客人來了，
我就幫你
推銷！
因此⋯
姊妹聯盟！
一起賣蓮霧！

某年冬天，
四姑丈和老爸載一車
蓮霧北上去給小姑姑。
※特地借廂型車。
因爲蓮霧的量很多，
用宅配方式不划算，
所以才開車北上。
當時他們還不太
熟悉高速公路，
但一路上還算順利。
直到開到了收費站。
※當時有人工收取回數票。
持回數票
啊！
兩人開錯車道……
車上沒有
回數票了！
回數票
那時還遇到
國道警察臨檢，
發現行照過期。
※102年後普通駕照和行照
不需要定期換發。

蓮霧還沒有送達，
就先罰了幾千元…
這樣真的…
划得來嗎？
把蓮霧送到
小姑姑家後，
回程的路上…
嗯…是不是
有點冷啊？
對啊…
我也覺得好冷，
冷氣調小點吧！
我不太會用
這種電子
空調耶…
我也是…
在高速公路上
無法開窗散冷氣，
兩個中年男子就
從北部冷回南部。
好冷！
如此倒楣的經歷，
後來成爲家族
經典故事。

四姑丈和姑姑主要採收冬果，在過年前後販賣…
裝箱
蓮霧很怕遇到寒流，一旦溫度低於攝氏10度，就會有落果的問題。
採收前最不想遇到寒流！
如果遇到寒流，清晨三、四點還要去田裡噴水呢…
清晨三、四點!?
寒流來的清晨…那時候很冷耶！
沒辦法！不能放著不管。
噴水是一種防寒害措施。
保持地面濕潤可減低寒害程度。
同時也將葉上的霜噴除，以防大量落葉。

這次蓮霧不知道落果會不會很嚴重？
好不容易要收成，結果又遇到寒流…
蓮霧沒收入，之後生活怎麼辦？
是不是…不要再種蓮霧了？
曾經因爲有太多煩惱的事情…
姑姑站在清晨的蓮霧樹下哭了。
…也曾經發生過這樣的事情。
如果寒流太強，一整園的蓮霧幾乎會掉光光…
原本付出的心血都白費了，還要收拾落果…
心情很難受！
只要想到那情況，就會想掉淚呢…

啊！我還想起以前你四姑丈發生過的事情⋯
都多久以前的事，不要說了！
說嘛～
在四姑丈年輕時，某次採收蓮霧前遇到教召⋯
沒辦法！我回來再採收，應該來得及⋯
沒想到卻遇到寒流，等姑丈回來時⋯蓮霧都落果了。
那次印象眞的很深刻呢⋯
⋯⋯
沒有比較歡樂的回憶嗎⋯
話說⋯姑姑、姑丈你們怎麼會種蓮霧啊？
有什麼考量嗎？
因爲當時有人跟我說⋯
種蓮霧會賺大錢！
而且蓮霧也很好吃！
原因意外的簡單乾脆⋯

栽種了二十多年，近幾年四姑丈和姑姑停止種蓮霧了。
考量種種狀況，下定決心不種了。
不知不覺已經種了二十幾年了呢⋯
姑姑~你種蓮霧這麼久，有什麼感想嗎？
千萬不要當農夫啊！
收入不穩定、沒有休假、工作又辛苦⋯
認真
⋯還有其他的想法嗎？
嗯⋯⋯還有就是⋯讓我想想⋯
網路真的很方便耶！
⋯網路？
以前網路還沒發達的時候，農作物只能在附近販賣，或者運到批發市場。
所以在行銷上真的會很頭痛⋯

但有了網路就不一樣了！
只要拍照放在網路上，就可以販賣，不受地區影響。
行銷上很方便，增加了很多可能性！
這樣啊⋯
姑姑說網路對小農有很大的幫助。
農夫除了要種植出好的農作物，
另一個課題就是「如何賣出去？」
小農從栽種到販賣都要一手包辦⋯
種植←栽培←採收
行銷←販賣
當農夫不容易！
四姑姑他們現在仍會買蓮霧來吃。
送給你們吃～
哇！
蓮霧是很有魅力的水果啊！

吃蓮霧的方式

Q：大家平常怎麼吃蓮霧呢？
有一次去朋友家作客…
削成瓣來吃
來～吃點水果。
原來有人會切好裝在盤上吃啊…
？
朋友
在家都直接吃一整顆。（削掉頭尾）
裝一盆來吃。

四姑丈除了種蓮霧，也有種香蕉。
運動後吃香蕉，可以防止抽筋喔！
我喜歡吃有點青色的香蕉～
香蕉樹不是「樹」，而是草本植物。
莖桿不堅硬，遇到強風容易傾倒。
在颱風的季節，甚至會在電視上看到倒了一整園的香蕉樹⋯
※一般樹木是木本植物。
最近颱風好像比較少，香蕉的損失也變少了吧？
這種想法太天真了⋯

雖然天災減少，但反而產量太多…
暴跌
因爲市場供過於求，造成香蕉的價格崩盤。
什麼！
沒有天災，還會出現這樣的情況？
震驚
這種時候…香蕉會跌到每公斤3～6元，中盤商甚至不收。
這樣的價錢…能夠回本嗎？
因爲連成本也賺不回來，所以很多蕉農乾脆不採收。
這時候政府會收購香蕉，來緩解市場量多的狀態。
以每公斤5塊錢來收購青香蕉，當作綠肥或飼料來處理。
不過農民還是會處於虧損的狀況…

我跟四姑丈去過香蕉收購地，
看到很多載著青香蕉的車子排隊等著處理…
我們還要自己把載過去的香蕉倒在田地…
嘿咻
看著遍地的青香蕉…
心情也是五味雜陳…
沒想到…沒有天災時，還會有這麼棘手的狀況！
其實商品就是量多價低、量少價高…
做生意就是不容易。
農夫不僅要面對自然災害，
也要面臨市場的考驗啊！

媽～家裡怎麼有這麼多檸檬和小黃瓜啊？
你二姑姑他們自己種的喔～
咦～怎麼突然種啊？
聽說最近他們跟朋友合作種小黃瓜，檸檬之前就開始種了。
原來如此～
兩家之後也會互送水果。
紅龍果採收了！
檸檬也是～
某次閒聊時…
姑姑～這個小黃瓜比市場賣的還要大耶！
小黃瓜太大，價錢沒那麼好！
要及時採收，不然一下子就長大了！
二姑丈家的孫子
二姑丈
二姑姑

不過最近在檳榔期，這樣還有時間去割檳榔嗎？
清晨去採收小黃瓜後，早上再去割檳榔啊！
兩位年紀都超過60歲
哈哈…
難怪長輩會說年輕人體力不好…
我服！
扎心
某次跟老爸聊天時…
…二姑丈和姑姑真的好厲害！
呵呵…他們那時早上太忙了，所以晚上還要戴頭燈去做檸檬田的工作。
咦!?
連晚上都有行程喔！
連我也佩服！
農夫的體力，不容小覷。

某天在家看新聞的時候…
來串門子
四姑丈
日前有農夫在田地裡，發現了外來種綠鬣蜴的出沒…
什麼？
那我們田裡，也有可能出現綠鬣蜴嗎？
不喜歡爬蟲類→
有啊～昨天在田裡就抓到三隻了！
淡定
咦！
怎麼抓的？是請人來抓嗎？
自己拿網子抓，小心點就行了！
如果放著不管，牠會吃掉農作物…
綠鬣蜥
外來種，繁殖力強。攝食植物的嫩芽、嫩葉及小昆蟲等。

沒想到在田裡還要處理新的外來種…
厲害…
沒辦法…遇到了只好找方法解決。
綠鬣蜥原本以寵物名義引進台灣，但因人棄養、野放而逐漸繁殖擴散…
沒想到是這樣的原因！
近年綠鬣蜥數量太多，政府鼓勵民眾可以踴躍抓捕。
屏東縣政府還會以紅豆來獎勵捕獲的民眾。
※民國110年屏東縣的抓捕數量高達1.9萬隻。
沒過多久，電視上出現了「綠鬣蜥料理」的報導…
天啊！這個也太強了吧！
民國109年開始，農委會將綠鬣蜥列為有害外來種。如要飼養需要申請登記。
請大家不要隨意棄養啊！

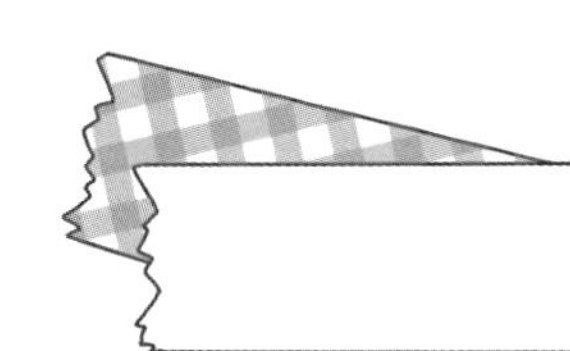

爬蟲類關卡

我們不喜歡爬蟲類和兩棲類。
捲子遇到時會變得非常敏感。
一驚一乍
剛才那是什麼爬過去？
當故事出現四腳蛇時……
怕
我不想看圖片！
我也是…
最後…請家人幫忙看圖來畫，我們參考後做二次創作。
家人的畫作
原本以爲平安度過爬蟲類關卡了。
歡呼～
終於畫完四腳蛇了！
分鏡中
捲子…後面還有綠鬣蜥耶…
……
可以直接用馬賽克代替嗎？
還是畫個大概吧…
繼續決戰！
哇～

某一天接到哥哥的電話⋯
喂～
三日，你最近有空回家一趟嗎？
怎麼了嗎？
今天媽媽在田裡跌倒，手斷了⋯這幾天要住院開刀。
咦?!
開刀?!
不過我跟老爸要上班，晚上要有人在醫院看顧。
怎麼了？
?!
聽說媽媽在田裡摔倒時，用手撐了一下⋯
哇！
喀嚓
※當時老爸上班。
她緊急請四姑丈載她去醫院看診。
還好嗎？

手的部分需要開刀處理…
好的…
醫院安排幾天後手術，媽媽就在家等待。
你的手還好嗎？
就不舒服，會痛啦！
媽媽手術當天，先由老爸開車載去醫院。
下午老爸要上班，就換三日去醫院接手和過夜。
我來囉！
手術完後，感覺還好嗎？
退麻醉後，手很痛…
過兩天後，媽媽順利出院了。
媽媽～恭喜出院！
手還會不舒服…

親友得知消息後，紛紛來送魚…
手術後要吃魚補身體啊！
我買了魚湯！
媽～這段時間應該是你最清閒的日子吧！
對啊～這樣子也無法去田裡。
媽媽傷口漸漸癒合後，開始回醫院復健。
剛開始手沒力氣，但後來漸漸恢復…
手無法恢復到以前的的狀態，
有時手會痠痛，沒辦法太用力。
在家裡也會練習握力和熱敷…
過了一個月，回老家時…
媽！你已經開始工作了喔！
對啊！之前因爲住院和休養，累積好多工作！

媽媽手術後，田裡的工作都落在老爸身上。
上班
檳榔
紅龍果
回家的時候，老爸看起來憔悴了不少…
工作都做不完啊…
累到極致！
雖然媽媽受傷是意外，但田裡的工作會不會太累啊…
之後退休、體力下滑時，不會太吃力嗎？
這個你放心～很多前輩都跟我說…
如果退休後無所事事，很快就會「買單」喔！
一切在計畫之中（？）
……
老爸…依照現在的工作量，
估計你能長命百歲喔！
哈哈哈…

媽媽看中醫

媽媽平日有看中醫調身體。
把脈
我最近感覺特別疲憊！
腰痠背痛⋯是不是身體有什麼狀況？
你最近有做什麼事嗎？
沒有啊！跟平常一樣，最近在採收紅龍果⋯
啊！之前有去檳榔田工作⋯
這樣作息⋯會疲憊是正常的。
想要改善，請多休息。
喔！這樣啊⋯

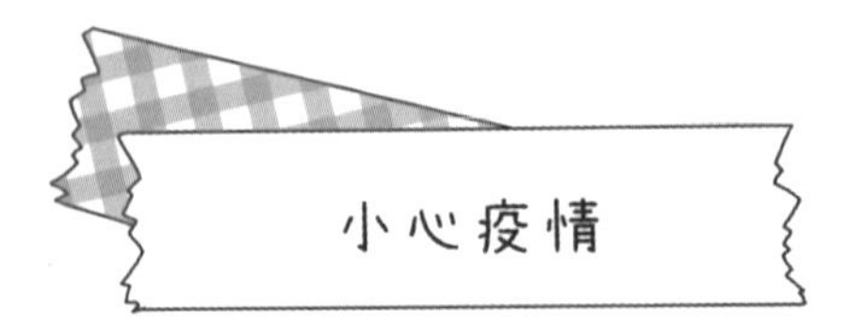

小心疫情

當初疫情嚴重時⋯
叮嚀
媽～外出要戴口罩喔！
知道了～
打完疫苗要多休息。
幾天後⋯
在家嗎？打完疫苗還好嗎？
我在田裡，打完疫苗手臂有點痠⋯
割芽中
那還去田裡工作！
田裡還有很多工作嘛～

4章

農農風情

新風潮和土地情懷

某天跟朋友聊天時……
最近……便利商店有賣屏東巧克力耶！
我有買來吃喔！
啥？巧克力？屏東……？
咦～～你不知道嗎？
屏東巧克力前幾年就在國際巧克力比賽得到金獎……
從栽種可可樹，到採收可可果……後來加工成巧克力，
都是在地可可農開發完成的喔！
有空你也去吃吃看～
在我印象裡，屏東遍地都是檳榔樹……
結果上網查資料才發現……
……哇！
屏東可可
驚
原來在民國99年，屏東縣就舉辦了可可產業發表記者會了！

居然漏掉這麼重要的新聞……
之後…跟家人去附近的巧克力莊園吃下午茶。
這裡的環境很舒服耶！
客人～你們的餐點好了！
巧克力冰沙
冰可可
可可果冰淇淋
起司蛋糕
好吃嗎？
可可果冰淇淋吃起來有點像優格……
很順口！
巧克力冰沙很濃郁～
店家還請客人試吃不同口味的生巧克力。
榴槤
75%巧克力
莓果
抹茶
檸檬
第一次吃榴槤口味的生巧克力……
口感很細膩～
我喜歡檸檬口味。

室外到處都可以看見可可樹⋯
一起拍照吧！
裡面有介紹製作巧克力的過程。
可可豆烘焙區
Cocoa Beans Roasting
哇⋯好複雜啊！
烘焙
台灣雖然是適合種植可可樹的環境，
但過去並沒有將可可製作成巧克力的技術。
民國96年，屏東出現第一位研究可可的人，
他與團隊花費了三年時間才將巧克力製作出來。
※參考國外文獻
台灣原本只有進口國外巧克力來加工，
不過現在屏東已有30多家品牌巧克力了。
目前都是小農經營，以「精品」走向來推銷。
從無到有⋯很厲害耶！
有空我們再去品嘗其他家巧克力！

榴槤生巧克力

歡迎試吃榴槤口味的生巧克力！
好特別的口味！我試吃一個。
品嚐
哇！味道好濃！就像是吃下榴槤一樣！
尾端又有巧克力甜甜絲滑感…
就像榴槤在嘴巴裡融化一樣…
……
不喜歡榴槤→

屏東縣從105年起在過年期間，
都會舉辦熱帶農業博覽會。
我們家幾乎每年都會去參觀。
農博內環境寬敞，可容納多人。
有園區小火車，可搭乘觀光。
到處都有花海…
喀擦
喀擦
喀擦
媽你拍完了沒啊？
走吧…
我們趕快去下一個景吧…
哎呀～花這麼美！多拍幾張啦！
好了！我們再去拍其他照片吧！

媽媽每次來農博都好興奮…
沒辦法～她是花草控！
媽媽沉浸在花海的喜悅…
瓜果長廊也很有特色。
瓜果長廊
欸～～三日、捲子！你們快看！
咦？
這個瓜比我的頭還要大耶！
幫我拍一張！
好…
瓜果長廊每一段，都會種植不同品種的瓜果。
哇！有好多種類的瓜果啊…
好有趣！
每次走在長廊裡，還是會覺得很神奇。

農博裡面分了很多小區塊——
多肉植物區
(可購買)
盆栽景觀展覽
蘭花館/玫瑰館
好美啊!
除了農業,也有關於漁業、牧業和動保的相關展覽和活動。
觀賞用魚蝦
騎馬體驗
動保解說
這邊也有很多市集可以逛耶~
逛了好久,我們去買點飲料吧!
三日、捲子,我買了喝的!

來！椰子水給你們喝！
還有兩顆椰子放在攤位那邊。
大顆
椰子…
我跟椰子攤老闆聊了一下~還是這樣喝最有風味！
你們拿著！
這樣啊…
好重！
因爲椰子不方便攜帶，只能當下喝完…
要趕快解決！
吸—
後來椰子攤老闆還熱情的剖椰子，讓我們吃椰肉。
果肉很好吃喔！
每次想起農博，都會想到椰子水…

稻田彩繪也是農博一大亮點，
每年的主題都不一樣。
哇～～實際看到還是覺得很驚艷耶！
稻田彩繪是由五種顏色的國產彩稻來呈現。
插秧和藝術的完美結合！
以前觀賞的地方是在貨櫃屋搭建的平台，
現在是在新建的建築大樓裡。
可搭乘電梯，很方便喔！
這次爸媽在逛農博時，
買了一把修剪紅龍果的剪刀。
剛好舊的壞掉了…
農博眞是實用又好逛的景點啊！

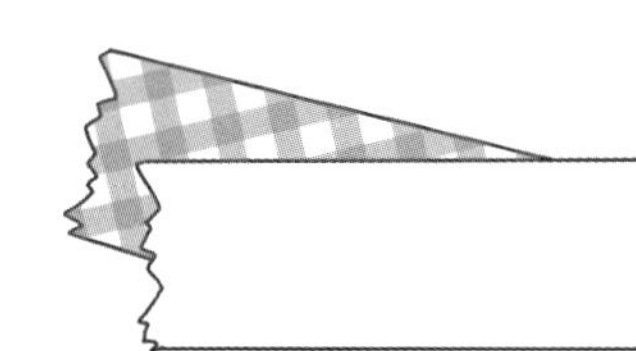

白馬王子(?)

農博裡面有很多手作體驗。
自製青草手工肥皂
DIY小盆栽
你們看！騎馬體驗耶！
騎馬體驗
要不要去試試？
不不…算了吧！
要不然媽和爸去體驗吧～
欸？

由訓練師牽馬環繞場地……
僵硬
一旁的我們負責拍照。
不錯喔～白馬王子！
怎麼樣？跟爸爸一起共騎，浪漫嗎？
有點高…
你爸一直在後面叫我不要亂動。
比想像中還高啊…

前幾年在都市興起「城市農夫」的風氣…
大家利用陽台或公寓頂樓，來種植一些蔬果…
能吃到自己種的蔬果，多健康啊！
在農村的人們也有相同的想法，而且更方便實行…
歡迎來到我的小菜園～
好厲害！
媽媽在田裡某處，經營起小菜園。
媽媽種過一些蔬果…
高麗菜
青椒
花椰菜
茼蒿
甚至還種過草莓。
怎麼會出現在菜園里！

聽說是朋友送的草莓盆栽，
後來有結果實，但吃起來不酸也不甜~
原來如此…
話說…我對栽種植物沒什麼興趣。
我自己很喜歡買小盆栽耶！
而且小時候還發生一件事…
國小有一堂課，要學生觀察植物。
我來種玉米吧！
把玉米種在杯子裡。
土壤→
早餐的飲料杯
原本放在抽屜，但不方便就移到教室後的置物櫃裡。
我那時種的綠豆都沒發芽…
你的玉米放在置物櫃裡，照不到陽光能活嗎？
呵呵…
那時候哪有想這麼多~
而且上完課，我就忘記這件事了…
…什麼？你忘記了？

學期末的時候，才把玉米拿出來…
哇！玉米沒死！
驚
從那時候起，我就覺得…植物的生命力真是強韌啊！
沒想到居然活下來了…
後來我把玉米拿回家給媽媽…
請好好照顧它喔！
媽媽那時田裡也有種玉米，就一併種下去。
後來也收成了好幾條玉米喔！
能吃到親手栽種的食物，多麼喜悅啊…
玉米只是不小心放養成功吧…
說到栽種植物，不得不提到媽媽…
這些花看起來好漂亮啊～
←喜歡花草

媽媽在田裡也曾種過很多果樹。
桑葚
荔枝
李子
神秘果
野薑花
百香果
蝶豆花
好多！
聽媽媽說…自從種紅龍果後，就沒時間管理了。
媽媽在家裡窗外掛上花草…
頂樓也種了十幾盆植物…
一樓室外也有很多盆栽…
後來…因爲家裡要裝修，花了好多力氣才將這些盆栽移到田裡。
天啊…太重了吧！
什麼時候才能搬完啊！
先把土挖出來！
大家在栽種時，一定要衡量好！
(眞心的提醒)

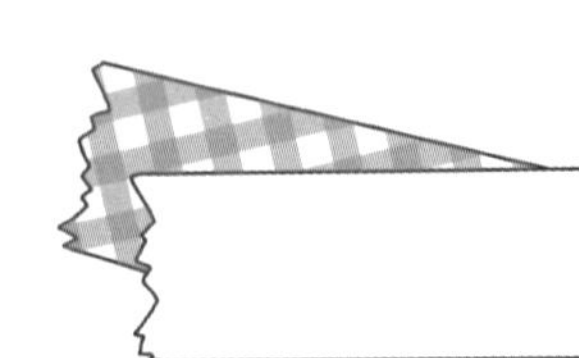

媽媽與野薑花

媽媽是位喜愛花草的浪漫女子♡
好香…
有節慶時，媽媽會買花來點綴家裡。
家裡備有花瓶…
平日也會從田裡摘野薑花回來…
清新的香氣
媽媽心情很好耶～
她很喜歡花嘛！

某次老爸從田裡割檳榔回家時…
捲子～把花整理一下，插在客廳吧！
怎麼會摘花回來呀？
因爲你媽喜歡嘛～
爸爸今天特別摘花回來耶！
矮油～說你喜歡～
唉呦！那是我種的啦…
害羞
幾天後…
怒
花都謝了！爲什麼還不丟掉啊！
收拾善後者

在我們村莊，務農的人很多。
大家自然而然會分享自己種的蔬果⋯
這是自己種的蔬菜，拿去吃吧！
謝謝！
有時門口洗手台上，會出現一些蔬果。
媽媽，洗手台上有放香蕉耶！
⋯喔！拿進來吧～
我朋友之前有和我說過。
甚至還出現其他東西⋯
⋯⋯
是條活魚耶⋯
咦？怎麼有蝦！

互送食物，感覺很親切耶！
這也算是某種農村特色吧～
後來某次，看到電視報導詐騙事件…
…故意放置物品，誘使受害者撿取，再反誣告侵占…
詐騙
那時回家，看到家門前放了一袋青芒果…
……
不約而同想起報導…
當作沒看到吧！
傍晚，媽媽從田裡回來…
青芒果怎麼不幫忙拿進去？
因爲不確定是不是要給我們家的！
最近新聞說不能亂拿東西！小心詐騙！
謹慎
也是啦…不過這是朋友要送我的。

某次連假，因疫情取消行程，所以閒置在家…
好無聊喔…
既然你們沒事，要不要跟我一起去散步？
好啊～
那你們趕快換布鞋吧！
老爸以前會在附近國小打籃球…
年紀漸長後，就改成走操場。
最近改成在村莊走路…
景色有變化才不會無聊！
於是…三人外出散步。
老爸帶我們走村子裡的小路…

我平時很常走這條路，跟你們說一下，這邊曾經發生的故事吧！
看到那棟舊平房了嗎？
嗯…
在我小時候，大人會聚在那裡賭博喔～
警察有來關心過…
那時候鄉下娛樂很少嘛！
咦～～還有這種事喔！
一開始就曝光村子以前的秘辛嗎？
小路上都是傳統的平房矮牆，和一些檳榔田。
我們很少來這邊耶…
對啊！幾乎不會走這條路…

這是鄰居伯母的老家喔！
這邊是舅公的檳榔田。
前面有一個姑丈的田⋯
老爸～你好厲害！知道這麼多事情。
當然！我可是在這村子長大的。
我們也在這裡長大⋯
不過知道的事情很少。
老爸說，小時候放學回家沒事做，
就會跑到外面玩，到處轉轉⋯
也許因爲這樣的關係，對村子很熟悉。

哇！這是可可樹吧！
沒想到附近就可以看到可可樹。
對啊～這附近有人在種可可，也有開店鋪喔！
有機會我們去看看吧～
這附近有一塊我們家的田地，
以前出入都要經過小石橋…
快過來啦！
我不要！如果掉下去怎麼辦…
每次在門口都會花時間拉扯…
不會啦！
後來因爲土地重劃和道路修整，
現在已經開出一條柏油路。
原本的檳榔田也改種紅龍果。
以前根本想不到會變成這樣…
不論是環境還是作物…

也許現在看到的景色，
在未來某天也會消失吧…
變成另一種模樣存在。
窸窣…
？
哇～～！有四腳蛇爬過去！
咦！在哪裡？
驚嚇
你們眞的一點也不像農家小孩…
嗨～今天跟女兒一起走路啊！
對啊！
又出來走路啊！
你好啊！

老爸～你認識好多人喔！
一路上已經有三、四個人跟你打招呼了耶…
大家都住在同個村子，又都務農，多少會有交流啦！
村子裡的年輕人都去外地發展了。也比較少人搬遷進農村，所以幾乎都相識。
你今天也出來啊！
是啊～
跟城市的生活不太一樣。
上次我去村子的菜市場買菜，結果就被認出是誰家女兒…
啊～你是○○的女兒對吧？
對…
哈哈～
這種狀況只有在鄉下才會發生吧～
沒錯！

未來……
我們生長的
這片土地，
汪汪！
汪汪！
今天沒帶食物喔～
老爸！那是別人家的狗耶！
真是的……
又會變成
什麼樣子呢？

作者碎碎念

終於完成這本書了！
好開心！(灑花)

畫這本書，
原本只是想說一些
田裡發生的有趣故事。
開始創作時，
才發現我們對「農業」瞭解甚少，
所以遇到了很多問題。

每個不同的主題篇章，
都像一個新的報告。
即使網路上有很多相關資料，
但與實際看到的還是有點不同…
所以常常苦惱。

父母習以爲常的作農方式，
其實有很多背景知識啊！
作農眞的不簡單！(汗)

剛開始跟父母和親友說，
要繪製有關農業的圖文書，
需要詢問相關問題，
結果他們紛紛表示：
「你們可以問啦～
不過我們不是很專業喔！」

明明都是務農多年的人了⋯
看到他們這樣的反應，
讓我們很驚訝。

於是跟他們說：
「放心啦！我們也不是要畫
一個專業介紹農業的圖文書。」
彼此似乎都鬆了一口氣⋯（笑）

在採訪時，可以聽到許多
長輩分享的實際經驗，
雖然他們一再強調：
「這只是我們的做法，
不一定是最好的方法。」

※現在也有人用科技方式來管理作物。

在繪製的過程，
時常詢問父母一堆問題：
「這件事是何時發生的？」
「那時還發生什麼事呢？」
諸如此類的發問。
他們有時忘了，答不上來，
還是會被瘋狂追問。

後來書中有一段媽媽手受傷，
三日陪她住院的情節。
三日回顧時卻一片空白，
只想起自己在醫院睡得很好。
……才發現先前那些
舉動有點強人所難呢。（笑）

為了創作這本書，
我們近期常常跑去田裡，
連媽媽都說：
「第一次看你們這麼
積極去田裡幫忙……」

最後⋯⋯

感謝我們的家人和親友！
因爲他們的幫助，
才能順利完成這本書。

也謝謝閱讀這本書的讀者！

這本書講述我們在農村的經歷，
還有過去的童年回憶，
也描寫了農村一點一滴
改變的新風貌。
這些都是站在自身角度去訴說，
可能沒辦法那麼全面和成熟⋯⋯
但如果您在閱讀時，
可以感到樂趣⋯⋯
那眞的是件很棒的事！

三日捲子

不悠哉的農村日記

作　　者　三日捲子
封面設計　三日捲子
封面插畫　三日捲子
專案主編　李婕
發 行 人　張輝潭
出版發行　白象文化事業有限公司
　　　　　412台中市大里區科技路1號8樓之2（台中軟體園區）
　　　　　出版專線：（04）2496-5995　傳真：（04）2496-9901
　　　　　401台中市東區和平街228巷44號（經銷部）
　　　　　購書專線：（04）2220-8589　傳真：（04）2220-8505
出版編印　林榮威、陳逸儒、黃麗穎、水邊、陳媁婷、李婕
設計創意　張禮南、何佳諠
經紀企劃　張輝潭、徐錦淳
經銷推廣　李莉吟、莊博亞、劉育姍、林政泓
行銷宣傳　黃姿虹、沈若瑜
營運管理　林金郎、曾千熏
印　　刷　基盛印刷工場
初版一刷　2023 年 6 月
I S B N　978-626-364-027-6
定　　價　320 元